DISCOURS

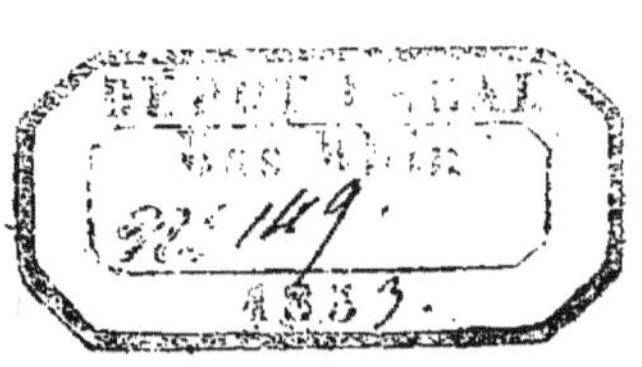

STRASBOURG,

IMPRIMERIE DE VEUVE BERGER-LEVRAULT.

1855.

Rede

gesprochen den 28sten Februar 1853 im Diakonissen-Hause

von

Fr. Härter,

Pfarrer an der Neuen Kirche.

———

Gnade sey mit uns, und Friede von Gott unserm Vater und unserm Herrn Jesu Christo, in der Kraft des heiligen Geistes. Amen.

Herr unser Gott, demuthvoll, trauernd und doch getrost treten wir vor dein heiliges Angesicht, du barmherziger Freund und Retter unserer Seelen. Du hast einen geliebten Bruder aus unserer Mitte abgerufen, und darüber ist unser Herz voll Trauerns geworden; aber weil wir sagen dürfen, daß er bei dir in Gnaden steht, daß du ihn angenommen hast als dein Gotteskind, und daß du ihn sanft und selig vollendet hast, so sind wir getrost mitten in allem Weh, die Thränen fließen sanfter, und alles Widerstreben löset sich auf in stille Willigkeit und Freudigkeit sogar. Herr unser Gott, wir flehen, du wollest forthin unsere Herzen mit der ganzen Kraft deiner Gnade erfüllen, und die Ueberzeugung des Christenglaubens in uns feststellen, auf der unsere ewige Seligkeit beruht. Segne an uns Allen diese ernste Feier, daß dein Name, Jesus Christus, auch dadurch verherrlicht werde! Amen.

Es hat dem Herrn über Leben und Tod gefallen, aus diesem Erdenleben abzurufen unsern Adolph Eugen Kampmann, Professor am Gymnasium dahier. Er wurde geboren den 12ten September 1815. Anspruchslos und still wuchs er auf, ein demüthiger und fleißiger Knabe; als er in die Jünglingsjahre trat, legte er einen guten Grund in der Wissenschaft, nahm aber dabei in seinem Herzen auch den Samen des theuern Gotteswortes auf, und bewahrte ihn. Den 7ten Juni

1841 verehlichte er sich mit Julie Wilhelmine Mogg, welche ihn nun als tiefgebeugte Wittwe betrauert; sie ist ihm Mutter von fünf Kindern geworden, die als unerzogene Waisen dastehen, aber, wir hoffen es, unter den Gebeten ihres Vaters dennoch gedeihen werden. Er hat als treuer und tüchtiger Lehrer gewirkt, s e ch s Jahre am College zu Sainte-Foy, und z e h n Jahre am Gymnasium hiesiger Stadt, wo er manchen edeln Jüngling wußte zu begeistern, nicht allein für die Wissenschaft, sondern auch für die höhere Weisheit; denn er lehrte, neben der irdischen Weisheit, auch die Weisheit die zum Leben in Gott leitet. Es hat dem Herrn gefallen ihn frühe zu vollenden; vorigen Freitag, den 25sten Februar, Nachts nach eilf Uhr, entschlief er sanft und selig in einem Alter von 37 Jahren, 5 Monaten und 13 Tagen. Eine schwere Krankheit hatte ihn niedergeworfen; wir hofften anfangs, er würde uns wieder geschenkt werden, aber das Leiden nahm eine gar ernste Wendung. Nachdem er schon zwei Monate lang geduldet, kam er in dieses Friedenshaus, wo er drei volle Monate der liebevollsten Pflege genoß, und mit Allem umgeben war, was seine Schmerzen erleichtern konnte. Im Namen aller Angehörigen unseres Entschlafenen danke ich den Schwestern für ihre unermüdliche Treue in seiner Pflege, wofür Gott sie und das ganze Haus reichlich segnen wolle.

Der theure Leidende war in allen Stücken gottergeben, still und milde, und wurde es immer mehr, als er sich dem Ende seiner irdischen Laufbahn näherte. Man darf wohl sagen, in den letzten Wochen war er wie ein liebes Kind, sanft, freundlich, getrost, ja sogar freudig; er hatte immer ein gutes Friedenswort auf den Lippen, um denen, die an sein Bett traten, den rechten Trost zu geben, den er aus der ewigen Quelle der Wahrheit schöpfte. Er lebte im beständigen stillen Umgange mit seinem Erlöser, und sprach oft das Wort aus: Ich habe Lust abzuscheiden und bei Christo zu seyn. Anfangs sagte er's schüchtern, später aber mit voller Zuversicht; eines seiner letzten Worte war: Komm, Herr Jesu! — Und Er ist gekommen, hat seine Bande gelöst, und frei und fröhlich ist der Geist dorthin gegangen, wo er sich ewig der Freiheit der Gotteskinder freuen darf. O möge unser Leben seyn wie dieß Leben, und unser Ende wie dieß Ende; dann ist unser Leben gewiß ein seliges, und unser Ende der Anfang ewiger Herrlichkeit! Amen.

In dem Sinne unseres Hingeschiedenen habe ich nun eine Stelle der heiligen Schrift gewählt, um zu zeigen, woraus denn unser theurer Adolph Kampmann den Trost geschöpft hat, der ihn bis zum letzten Augenblicke seines Erdenlebens beseligte. Sie stehet 1 Timoth. 1, 15—17, und lautet also : „Das ist je gewißlich wahr, und ein theuer werthes Wort, daß Christus Jesus gekommen ist in die Welt, die Sünder selig zu machen, unter welchen ich der vornehmste bin. Aber darum ist mir Barmherzigkeit widerfahren, auf daß an mir vornehmlich Jesus Christus erzeigte alle Geduld, zum Exempel denen, die an ihn glauben sollten zum ewigen Leben. Aber Gott, dem ewigen Könige, dem Unvergänglichen und Unsichtbaren und allein Weisen, sey Ehre und Preis in Ewigkeit! Amen."

Theure Mitwanderer durch diese Zeit!

Wenn ich zum Lobredner unseres Hingeschiedenen berufen wäre, so hätte ich Stoff genug dazu. Es wäre mir leicht ihn darzustellen in seiner Thätigkeit in den Verhältnissen seines Lebens, wie er in allen Stücken sich treu bewährte; ich könnte seine Wissenschaftlichkeit und gründliche Gelehrsamkeit rühmen; ich könnte sagen, wie er als Erzieher ein ausgezeichneter Mann gewesen, der auf manche junge Leute in seinem heiligen, liebevollen Ernste tiefe Eindrücke hervorbrachte, — ein Zeugniß davon ist auch die Liebe, die ihm die Anwesenheit vieler seiner Zöglinge beweist, und nur die strenge Witterung ist Schuld, daß nicht ein sehr großer Zug derselben sich dem Sarge ihres theuern Lehrers anschließt —; ich könnte zeigen wie unser lieber Adolph in seinem häuslichen Wirken als Gatte und Vater unverdrossen und unermüdet seine Pflichten erfüllte; ich könnte ihn schildern in seinen Familien=verhältnissen, wo er sich immer als treuer Bruder bewies; ich könnte auch sagen was er unsern Herzen war. — O ich fände des Stoffes genug; aber wenn es auch nicht unbescheiden wäre, als einer seiner nächsten Verwandten ihm eine Lobrede zu halten, so würde ich es doch nicht thun, denn ich weiß etwas Besseres von ihm zu sagen als dieß Alles: Er mag zuerst selber reden in einem Worte, das er mir mittheilte am verflossenen 14ten Jänner, — also etwa sechs Wochen vor seinem Ende. Es war eilf Uhr Morgens, und ich ganz allein bei ihm; ich hatte mit ihm eine Unterredung, worin er mir sein Innerstes aufschloß, und da sagte er mir denn Folgendes: "Ich warte auf die nahe Stunde des Herrn; ich bin gewiß, daß Er mich angenommen hat; zwar habe ich mein ganzes Leben hindurch viele Sünden begangen; aber mir ist Barmherzigkeit widerfahren. Ich bin versichert, daß Jesus Christus Alles was ich Böses gethan, mit seiner Gnade zugedeckt und mit seinem Blute getilget hat; auch die Folgen davon wird er gnädig aufheben, und zurechtbringen was ich verderbte." — Das waren seine eigenen Worte, die ich sogleich aufgeschrieben habe. — Außerdem sagte er mir noch Anderes, aber dieß Wort ist mir besonders wichtig gewesen. Er hat es nicht geläugnet, sondern demüthig bekannt, daß er ein Sünder sey, sprach aber dabei die völlige Gewißheit aus, daß seine Sünden getilgt und daß ihm Barmherzigkeit widerfahren sey: So hat er gerade das bekannt, was Paulus von sich sagte; wir haben es vernommen, jenes große, feierliche Zeugniß: "Das ist je gewißlich wahr und ein theuer werthes Wort, daß Christus Jesus gekommen ist in die Welt die Sünder selig zu machen, unter welchen ich der vornehmste bin. Aber darum ist mir Barmherzigkeit widerfahren, auf daß an mir vornehmlich Jesus Christus erzeigte alle Geduld, zum Exempel denen die an ihn glauben sollten zum ewigen Leben!" Wenn man dem Apostel Paulus hätte sollen eine Leichenrede halten, ich bin überzeugt, er hätte keinen andern Text gewollt, als gerade diesen, und so nehmen wir für unsern Adolph auch keinen andern als: Mir ist Barmherzigkeit widerfahren! Wenn wir dieß Wort in alle Welt ausrufen, weil es in unser Herz geschrieben ist, so stehet es gut mit uns, und wir haben das gute Theil erwählt! O meine Geliebten, laffet uns darüber nun weiter nachdenken. Das Beſte was ein ſterbender Chriſt von ſich ſagen kann, iſt dieſes Wort; das Beſte was wir von einem Geſtorbenen bezeugen können, iſt wieder dieſes Wort : Ihm iſt Barmherzigkeit widerfahren! Und ſo wollen wir uns den ſterbenden Chriſten auf dem Todeslager vorſtellen, und ſprechen von dem, was in ſeinem Innern vorgeht, im Rückblick auf die Vergangenheit, und im Hinblick auf ſeine Gegenwart und ſeine Zukunft.

Wie ſieht es im Herzen eines Chriſten aus, an welchem die Gnade Gottes ihren Zweck erreicht hat? — Der Chriſt auf dem Todes= bette blickt zurück auf ſeinen Sündenſtand, da er noch ferne von ſeinem Gott und Erlöſer dahin ging nach eigener Wahl, gebunden mit den geheimnißvollen Banden der Sünde, welche die ärgſte Betrü= gerin iſt, und den Menſchen in fürchterlicher Selbſttäuſchung befangen hält. Jeder wahrhaft Begnadigte ſieht auf dieſe Zeit zurück mit klarem Blick, aber auch mit innerm Schauer. Der Apoſtel Paulus ſagt: Ich bin der Sünder vornehmſter geweſen, und doch, wenn er ſich hätte vertheidigen wollen, ſo hätte er behaupten können : Was ich gethan habe, habe ich in guter Meinung gethan; ich meinte ja für Gott zu ſtreiten; freilich iſt jetzt dieſer Wahn verſchwunden, aber ich habe mir darüber keine Vorwürfe zu machen. — Meinſt du? — das iſt eben deine Verblendung! Nur wer ſich ſelbſt beſchuldigt, nur wer den Muth hat ſich zu richten über ſeine Sünde, bekennt die Wahrheit, und wer es nicht thut, ſteht in dem Wahne, der die glaubensloſe Seele bis dorthin gebunden hält, wo ſie zu ſpät ihre verlorene Gnadenzeit betrauert. Das Erſte, was der begnadigte Chriſt bekennt, iſt alſo : Ich war in einem Zuſtande, wo die Sünde meine Seele verderbt hat; ich habe, wie unſer Adolph ſpricht, manches Böſe gethan; rühmt nur meine Tugenden ſo viel ihr wollt, rühmt nur die Opfer die ich gebracht haben ſoll; ach! ich weiß wohl, für wen ich ſolche gebracht habe, denn ich erkenne meine Tugenden als einen leeren Schein; mein Abgott war das Ich, dem ich fröhnte! Ein Thor, wer in ſeiner eingebildeten Rechtſchaffenheit ſeine Leiſtungen für etwas Großes hält! — was war dieß anders als ein Götzendienst, in dem die unglückselige Seele gebunden lag? Kann wohl der gerechte Richter und Allvergelter etwas gut heißen, was man den Götzen opfert? — Ein Mensch, der noch in seiner Sünde steht, ist auf der Stufe des Heidenthums, sich selber ein Abgott. — So geht der Selbstgerechte dahin in seiner Sünde; sie zieht ihn mit Macht vorwärts dem Abgrunde zu, und wenn nicht Gottes Gnade ihm entgegenträte, so würde er, wie in einem eisernen Schlafe gebunden, als ein Verblendeter in die Verlorenheit sich hineinstürzen. Aber Gott, der da reich ist an Erbarmen, läßt Keinen ungewarnt; wir sind durch die heilige Taufe dazu berechtigt, daß Gott sich unserer annehme, und er thut's auch treulich und ruft uns zu : Unglückseliger! bedenke was zu deinem Frieden dient; wache auf, der du schläfst, und stehe auf von den Todten, daß dich Christus erleuchte! Wer dieß nun hört, wer aus seinem Sündenschlafe erwachend fragt: Was soll ich thun, daß ich selig werde? der bleibt nachdenkend stille stehen, und blickt umher; und siehe, da merkt er nun erst, wie finster und wüste es um ihn ist; er siehet nichts als die Todesnacht; vorher war er darin ohne es zu wissen, jetzt aber sieht er sein Nichts, seinen Jammer, seine Seelennoth; doch während er nun anfängt zu seufzen: O Gott, erbarme, erbarme dich meiner! da ist auch die ewige Erbarmung schon da, und legt sich an das bekümmerte Herz, in welchem Angst und Weh der Buße sich regen; sie rufet ihm zu : Kehr um! kehr um! und wende dich nach dem, das droben ist; denn du bist bisher auf verkehrten Wegen gewandelt! — So trat die Gnade Gottes dem Verfolger Saulus entgegen; er wurde in die Straße gewiesen, die so bedeutungsvoll die Richtige hieß; er hat gehorcht, und hat es erfahren aus dem Munde eines schlichten Bürgers, daß Christus auch für ihn gekommen ist, den reuigen Sünder selig zu machen. Dieß ist die gute Botschaft, die den ganzen Weg des Sündenlebens entlang, bis an die Pforten der Hölle dem Menschen verkündigt wird : daß Jesus Christus gekommen ist die Sünder selig zu machen; — und auch dich! — Wer nun bereitwillig sie annimmt, wer sich nicht dagegen verpanzert in seinem Hochmuthe, sondern

sein Herz in Demuth aufschließt, der wird getroffen von dem Gna=
denworte; und da ist auch schon der erste Anfang gemacht zu einem
neuen Leben, welches aus dem Sündenstande den Menschen in den
Gnadenstand führt. Dieß hat unser theurer Heimgegangener ebenfalls
an sich erfahren. — Es ist unter allen Erfahrungen die wichtigste,
daß unter allen Sündern die ich kenne, ich selbst der größte bin;
was gehen mich die andern an? ich habe nicht über sie zu richten;
die Sünde die sie gethan haben, mögen sie verantworten vor ihrem
Gott. Ich habe wohl von Manchem gehört, der allerlei arge Ver=
brechen begangen hat, — aber wenn ich an seinem Platz gewesen
wäre, wer weiß, ich hätte vielleicht noch ärgere gethan! Wäre der
Verbrecher belehrt worden wie ich, wäre er erzogen worden wie ich,
hätte die Gnade Gottes so lange an ihm gearbeitet wie an mir,
er wäre vielleicht für mich ein belehrendes Vorbild. Doch in dieß
dürfen wir uns überhaupt nicht weiter einlassen; es ist genug wenn
wir sagen können: Ich weiß wie es mit mir steht; ich habe ja alle
Gebote Gottes übertreten, die ich nach ihrer geistlichen Bedeutung
hätte erfüllen sollen; denn es ist nicht nöthig um ein Mörder zu seyn,
deinem Bruder ein Messer ins Herz zu stoßen; wenn du die Andern
hassest, so bist du schon ein Mörder; — es ist nicht nöthig in offener
Unzucht zu leben; wenn du die geheime böse Lust in deinem Herzen
nährst, so bist du schon ein Ehebrecher vor Gottes Augen, und die
böse Begierde schon macht dich zum Dieb vor ihm. Wenn wir uns
gründlich untersuchen, so finden wir, daß alle Sündengräuel in unserm
Herzen vorgehen. Das heißt dann sich selber richten, das ist die
Redlichkeit, die der Mensch gegen sich beweisen soll; im Gnadenlichte
sieht er dann seine Tugenden verschwinden, wie Blätter welche der
Wind hinwegweht. Wer auf diese Weise sein Inneres in seiner wahren
Gestalt sieht, der sagt dann: unter allen Sündern die ich kenne,
erscheine ich mir als der größeste. Das ist das Zeugniß, welches das
Gottesgesetz in unser Herz niederlegt; unser Adolph hat es auch
bezeugt, und jeder Christ bezeugt es: Ich bin in meinen Augen der
größte Sünder, und sonst nichts! Da mag die Welt mit ihren
Lobeserhebungen kommen, wie sie will; der Christ hat darauf keine

andere Antwort als : Mir ist Barmherzigkeit widerfahren; das ist was ich rühmen will bis zum letzten Athemzug; denn ich weiß, daß Gott mich angenommen, daß Jesus Christus meine Sünden getilget hat! — Meine Geliebten, dieß ist nun das große Wort, welches in dem Gnadenstande die Seele ihrer Seligkeit versichert. Wenn man euch fragte : Bist du deiner Seligkeit gewiß? so würdet ihr etwa antworten : Ich denke es, ich hoffe es, ich wünsche es! Aber nur wenn wir sagen können : Mir ist Barmherzigkeit widerfahren, dann können wir auch antworten : Ja, ich bin's gewiß! — Solches hat unser theurer Adolph auf dem Sterbebette sagen können : Gott hat mich angenommen, ich bin's gewiß! Paulus, der die Menschen auf den Weg hinwies, der zum wahren Frieden führt, bezeugt es auch, indem er sagt: "Ihr Epheser, die ihr durch den Glauben das ewige Kleinod ergriffen habt, wisset es, aus Gnaden seyd ihr selig geworden, durch den Glauben, und dasselbige nicht aus euch, Gottes Gabe ist es. Nicht aus den Werken, auf daß sich nicht Jemand rühme." Mit allen Werken könnt ihr den Himmel nicht verdienen, ihr könnt nicht selig durch sie werden, denn eure guten Werke waren eure Schuldigkeit; ihr habt aber statt dessen noch Vieles gethan, das wider Gottes heiliges Gesetz war, und auch eure besten Werke waren befleckt und tadelhaft, und nicht der Art, wie sie Gott wohlgefallen konnten. — Geliebte, das ist es eigentlich was den meisten Christen fehlt in unsern Tagen; sie bilden sich ein, sie könnten durch ihre Rechtschaffenheit selig werden, und bleiben der erneuernden Gnade Gottes dadurch ferne.

"Mir ist Barmherzigkeit widerfahren," so hat Paulus gesagt, so hat auch unser lieber Hingeschiedener fröhlich versichert, "auf daß an mir vornehmlich Jesus Christus erzeigte alle Geduld, zum Exempel denen, die an ihn glauben sollten zum ewigen Leben." O hört was in diesen köstlichen Worten liegt! Alle Geduld hat mein Heiland an mir bewiesen; hätte er mit strenger Gerechtigkeit wollen an mir handeln, ich wäre verworfen worden. Wie langsam ist es im Gnadenstande mit mir vorangegangen! Welche Arbeit habe ich meinem himmlischen Erzieher gemacht; wie manche böse Gewohnheit, worüber ich mich selbst anklagte und vor Gott darüber seufzte, habe ich nachgeschleppt, und kaum ließ ich mich gehen, so war die alte Gewohnheit wieder da, in eiteln bösen Worten, in sündigen Gedanken, in eiteln Dingen die mich verführen, in Selbsterhebungen und dünkelhaften Einbildungen. So habe ich immer viel an mir zu richten gehabt, wenn ich sahe wie mein unreines, übermüthiges, verzagtes Herz so arm war an Liebe, so mangelhaft im Glauben, so kalt und lässig in den Werken der Barmherzigkeit. Dieß sieht jeder Christ, und wenn denn nun auch etwas Gutes hervorkömmt, und wenn er sieht wie Gott ihm jetzt etwas gelingen läßt, wie er ihm einen Sieg schenkt, wie er ihm eine Thüre aufthut, wie er die Aussaat seiner Hände gedeihen läßt, so schaut er dieß an wie ein Fremdling und spricht: es ist nicht mein, es ist Gottes Werk; aus Gnade bin ich was ich bin! Und wenn die Andern einen Solchen loben wollen, wenn sie zu ihm sagen: Ach wie bist du so gut, wie treu bist du in deiner Pflicht! — so erröthet er und weist beschämt ihr Lob zurück: O rede nicht von dem, was du an mir Gutes bemerkest; ist etwas Gutes da, so ist es der Herr allein der es bewirket; gib Gott die Ehre! —

Das ist der Christ in seinem Gnadenstande. Der Ausruf: mir ist Barmherzigkeit widerfahren! faßt Alles zusammen, was er rühmen kann. Dadurch wird er vor jeder Selbsterhebung bewahrt und von Gnade zu Gnade geführt, denn Gott widerstehet den Hoffährtigen, aber den Demüthigen gibt er Gnade. Auf dem Todesbette kann dann ein solcher Christ, während er auf seine Sünden zurückblickt, dennoch mit getroster Gewißheit sagen: Ich bin selig, denn meine Seele ist gerettet; nicht was ich gethan habe, sondern was Christus für mich gethan, ist der Grund meiner Seligkeit. Mein Kleinod, meine Krone ist, daß Jesus Christus, der Sünderheiland, meine ganze Schuld bezahlt hat. Mit dem seligen Hochgefühl des Begnadigten blickt dann der sterbende Christ auch auf das künftige Ziel seiner nahen Herrlichkeit; anbetend neigt sich die begnadigte Seele vor dem, den sie nennt „den ewigen König, den Unvergänglichen, Unsichtbaren und allein Weisen, dem Preis und Ehre sey in alle Ewigkeit." — O du hocherhabener Gott, der du droben in deiner himmlischen Majestät thronest, vom Glanz der Herrlichkeit umgeben, wie kann ich armes Erdengeschöpf dir würdig danken? Lamm Gottes, das erwürget ist, du bist würdig zu nehmen Kraft und Reichthum und Weisheit und Stärke und Ehre und Preis und Lob! In diesem Lob ihres Gottes hat die Seele das Vorgefühl von unaussprechlichen Seligkeiten. Das sind die Himmelsahnungen, in welche manche sterbende Christen sich versenken durften, um durch sie allem Weh enthoben zu seyn, wie einst Stephanus, der ausrufen konnte: „Ich sehe den Himmel offen und Christus zur Rechten Gottes stehen!" Und sein Herz war von Freude erfüllt, obgleich die mörderischen Steine auf ihn fielen; sein Angesicht strahlte wie eines Engels Angesicht. — Etwas von dieser künftigen Herrlichkeit senkt sich im Augenblicke des Scheidens in jedes begnadigte Herz, und der Heimgang des aus Gnaden Gerechten ist von jedem Schrecken frei. — Darum läßt auch das Sterben des Christen keinen Schmerz, keinen bittern Stachel im Herzen zurück, sondern es ist gerade als ob ins Innere der Umstehenden ein Himmelsstrahl des jenseitigen Friedens herüberleuchtete. — Zwar sagen wir, nach unserer Erdensprache, mit Recht, es sey für uns ein großer Verlust, daß dieser tüchtige junge Mann so plötzlich aus seiner Laufbahn herausgerissen worden; wie gerne hätten wir ihn behalten! wir liebten ihn so sehr, wir freuten uns seiner Arbeit, seines Umganges. Nun ruhet er; nun ist er uns vorausgegangen! Wohlan denn, so freuen wir uns nunmehr der Herrlichkeit, die ihm zu Theil geworden, eben darum weil wir ihn lieben; und alles Klagen, aller Schmerz hat ein Ende, weil wir gewiß sind: ihm ist Barmherzigkeit widerfahren! —

O glücklicher Adolph, gehe in Jesu Christi Namen fröhlich in die Heimath, und geselle dich zu denen, die ihre Kronen niederlegen am Stuhle des Lammes das erwürgt war, und ihm in weißen Kleidern der Unschuld ein ewiges Hosiannah darbringen; gehe zu unsern Heimgegangenen hin; bringe ihnen den Gruß von unserer armen Erde, und sage ihnen, wir folgen dir bald! —

Ja, das Sterben eines wahren Christen bringt Himmelsgedanken und Vorgefühle jener künftigen Herrlichkeit mit sich; darum senkt sich der Trost wie ein Balsamthau in alle thränenden Herzen um sie mit Friede und Freude zu erfüllen. Statt uns zu betrüben über den frühen Heimgang des Geliebten, sprechen wir mit einem freundlichen Blick nach oben: Dir ist Barmherzigkeit widerfahren!

Wie wird es aber seyn, wenn wir einst scheiden? Werden dann vielleicht Jammer und Noth hinter uns zurückbleiben, oder werden die Unsrigen auch mit froher Gewißheit sagen können: Dir ist Barmherzigkeit widerfahren? Darauf kommt Alles an. — Wir haben unsere Aufgabe noch nicht gelöst. — O möge Gottes heiliger guter Geist uns lehren, wie wir im Glauben unsere kurze noch übrige Gnadenzeit benutzen sollen, damit an unserm Ende dasselbe von uns gesagt werde; dann ist unsere Pilgerfahrt selig vollendet, und wir dürfen sterbend mit Freudigkeit rufen: Komm, Herr Jesus Christus, du bist mein Leben, und Sterben ist mein Gewinn! Amen

---

Wir danken dir, Gott unser Heiland, unser Erbarmer! daß du beim Sterben eines Mitwanderers eine Quelle süßen himmlischen Trostes uns zugewandt hast durch dein Evangelium! Laß doch das was wir daraus vernommen haben, tief und unvertilgbar als fröhliche Ueberzeugung in unsern Herzen bleiben, damit wir darauf unsere ganze Seligkeit gründen, und es im Gnadenlichte erkennen, daß wer Christum hat, der hat das ewige Leben! Hilf uns, dieß Kleinod ergreifen. Segne dazu uns Alle, insbesondere die Glieder der trauernden Familie; gib daß deren keines dahinten bleibe, keines die Ruhe deines Volkes versäume! —

Treuer Heiland, der du gesagt hast, daß du der Vater der Waisen und der Versorger der Wittwen bist, erfülle auch jetzt dieses dein Gnadenwort; gib der Wittwe Kraft, Trost und Frieden, und laß die Kinder aufwachsen zur Freude des Vaters, der in der Ewigkeit weilt, daß alle ihm nachfolgen im Glauben und in der Liebe. Herr unser Gott, wir gedenken daran, daß wir Alle nur Fremdlinge und Pilger hienieden sind; kurz ist unser Erdenleben, lehre uns bedenken, daß wir sterben müssen, auf daß wir klug werden, und jetzt den Grund legen, der auch im Tod nicht wanket. Dein Evangelium, deine Gotteskraft, die in den Schwachen mächtig ist, stärke auch unsere Seelen, bis ans Ende Glauben zu halten! Amen.

DISCOURS

PRONONCÉ SUR LA TOMBE

PAR

JULES EISSEN,

ÉLÈVE DU GYMNASE.

CHERS CONDISCIPLES,

Quelques mois à peine nous séparent du jour où la tombe se fermait sur la dépouille mortelle d'un de nos professeurs, et aujourd'hui encore la mort vient nous enlever un homme à la fleur de l'âge, aussi distingué par ses talents que par les précieuses qualités de son cœur. Ah ! nous comprenons toute l'étendue de la perte que nous venons de faire, tout le vide que va laisser dans nos cœurs celui qui nous guidait avec tant de sollicitude dans l'accomplissement de nos devoirs ! Sa carrière pénible et laborieuse vient de se terminer. Son âme a brisé les liens du corps, pour aller s'unir à Celui qui fut constamment l'objet de son amour et de sa foi.

Quels sentiments de reconnaissance ne doivent pas nous animer dans cette heure solennelle, si nous nous rappelons tout ce qu'a fait pour nous ce cher maître, tant pour cultiver notre esprit que pour former notre cœur. Ses vastes connaissances, sa pensée si droite, son instruction à la fois solide et méthodique, toutes choses qu'il avait acquises par ses veilles, au détriment même de sa santé, ont été pour nous un trésor précieux dont nous lui serons éternellement reconnaissants.

Non, nous ne l'oublierons jamais, ce maître si plein d'attachement pour ses élèves, si attentif aux progrès de leur esprit, aussi bien qu'à l'amélioration de leur cœur. Nous n'oublierons jamais ces exhortations au travail, si paternelles, ces encouragements si pleins de bonté et de bienveillance. Nous bénirons sa mémoire de tout le bien qu'il nous a fait et de tout celui qu'il aurait encore fait à notre école qui était tout pour lui.

Cher et bien-aimé maître, ta mort est pour nous un sujet de vive affliction ; mais, fidèle à ton enseignement, nous portons nos regards vers le Seigneur, et, pour dernier adieu, nous te promettons de faire fructifier dans nos cœurs les germes de vérité et de vertu que tu y as déposés. Adieu, cher maître, ton souvenir restera gravé dans nos cœurs, tu seras pour nous le modèle de l'homme droit et juste, pensant et agissant toujours en vue de la gloire de Dieu et de l'accroissement du règne de Jésus-Christ.

DISCOURS

PRONONCÉ PAR

M. BOEGNER,

PROFESSEUR AU GYMNASE,

le 7 mars 1853, à l'Auditoire du Temple-Neuf.

CHERS ÉLÈVES,

Lorsque, il y a huit jours, la famille de M. KAMPMANN dut rendre à la terre sa dépouille mortelle, la rigueur de la saison ne permit qu'à un petit nombre d'entre vous de l'accompagner jusqu'au champ du repos, et ni votre Directeur, ni vos maîtres ne purent exprimer sur la tombe de leur ami la douleur que leur causait sa perte. Le pieux devoir que nous n'avons pu accomplir alors, nous allons nous en acquitter aujourd'hui; et c'est dans ce but que nous vous avons réunis; car il est juste et utile d'honorer la mémoire de ceux qui ont rempli fidèlement leur mandat, et le souvenir d'une vie de dévouement et d'abnégation élève et console l'âme souvent attristée à la vue des faiblesses, des misères, des turpitudes que nous ne découvrons que trop souvent autour de nous, et, pourquoi ne le dirions-nous pas? dans notre propre cœur. Ce n'est pas toutefois que nous songions à faire l'éloge de notre collègue; il nous désavouerait, si nous avions une telle pensée et s'il pouvait encore élever sa voix au milieu de nous ; le chrétien ne connaît qu'un seul modèle parfait, c'est celui que l'Homme-Dieu nous a laissé, afin que nous suivions ses traces;

cependant l'Écriture elle-même nous engage à imiter les hommes qui, animés de l'Esprit de Dieu, se sont dévoués à la sainte œuvre de la régénération de l'humanité; elle nous dit : «Souvenez-vous de vos conducteurs qui vous ont porté la Parole de Dieu et imitez leur foi, en considérant quelle a été l'issue de leur vie.» C'est dans cet esprit que nous allons essayer d'esquisser la vie de notre ami et de dire en peu de mots ce qu'il a été pour notre École, pour vous, chers élèves, comme pour nous, ses collègues; heureux si notre faiblesse ne trahit pas trop notre bonne volonté !

M. Adolphe-Eugène Kampmann naquit le 12 septembre 1815; il entra au Gymnase comme élève de la VIIIe à l'âge de sept ans. Nous nous souviendrons toujours avec bonheur de l'avoir compté au nombre de nos élèves; aimant et candide il récompensait ses maîtres, par un attachement filial, des soins qu'ils lui donnaient, et sans briller par des succès extraordinaires, il soutenait avec distinction le nom honorable qu'il portait; et lorsque, en 1831, il prit part pour la dernière fois à notre fête annuelle, nous pûmes lui décerner plusieurs prix en témoignage de sa constante application. Dès lors il se livra à l'étude de la philosophie et des lettres; il se destinait à l'enseignement et se préparait à l'exercice de fonctions plus élevées, en occupant avec zèle et succès le modeste emploi de répétiteur de nos salles d'études. C'est ainsi qu'il consacra six ans à ses travaux littéraires; il vivait au sein de sa famille, et se délassait de ses études en cultivant la musique pour laquelle il avait un talent remarquable. Arrivé à l'âge de 22 ans, il accepta, en 1837, une place de professeur de philosophie et de langues anciennes au collége de Sainte-Foy. Cette école venait d'être fondée par une société de nos coreligionnaires pour satisfaire à un besoin vivement senti des nombreuses populations protestantes du Midi, qui ne possédaient aucun collége de leur culte. M. Kampmann s'y trouva entouré de plusieurs professeurs, la plupart jeunes comme lui, pleins d'ardeur et dévoués à leur école sur laquelle se fondaient de grandes espérances. Notre ami embrassa cette cause avec la noble chaleur de son âge, et devint bientôt un des professeurs les plus distingués du collége. Le travail ne lui manquait pas ; outre l'enseignement de sa classe il partageait encore avec ses collaborateurs la surveillance des nombreux pensionnaires qui formaient la grande majorité de leurs élèves, et nous craignons bien que ces occupations trop multipliées et continuées sans relâche n'aient alors déjà ébranlé sa santé. Mais si, peut-être, il prit à Sainte-Foy le germe de la maladie qui devait si tôt nous l'enlever, il y acquit, par un effet de la bonté divine, un trésor qui allait l'armer contre toutes les vicissitudes, tous les chagrins de la vie, contre les angoisses de la mort, et lui assurer la couronne impérissable des justes. Ce fut à Sainte-Foy qu'il ouvrit son cœur aux vérités de l'Évangile ; il avait compris que la sagesse de ce monde est impuissante à résoudre les redoutables problèmes dont l'homme est entouré, qu'elle ne saurait lui fournir des armes assez fortement trempées pour vaincre ses passions enflammées et pour lui conquérir la paix du cœur et la consolante espérance de la vie éternelle : ce que le monde lui avait refusé, il le trouva au pied de la croix du Sauveur, de cette croix, qui est une folie à ceux qui périssent, mais la vertu de Dieu à ceux qui obtiennent le salut. Dès ce moment il se livra tout entier à ce Sauveur qui a donné sa vie en rançon de nos péchés, et qui, en retour de ce sacrifice immense, ne demande que notre amour. Sans doute il eut long-temps encore à lutter contre les faiblesses, contre les passions de l'homme naturel, et il dut souvent éprouver avec douleur que l'esprit est prompt et que la chair est faible ; mais il n'abandonna plus le Rédempteur en qui il avait cru, et tout le reste de sa vie est là pour rendre un éclatant témoignage de sa fidélité.

Il y avait six ans que M. Kampmann se trouvait à Sainte-Foy ; il avait recueilli une ample moisson de savoir et d'expérience, son esprit et son cœur avaient mûri dans la pratique de l'enseignement et dans la société de beaucoup de protestants distingués de cette partie de la France ; enfin il s'était marié, et il désirait vivement retourner dans sa ville natale, lorsqu'il fut appelé, en 1843, à occuper une chaire de philosophie et de littérature latine au Gymnase supérieur. Quelques mois auparavant nous avions eu la douleur de perdre M. Berneaud, professeur de littérature française ; il nous avait été enlevé à la fleur de l'âge et du talent, et à peine avait-il été remplacé par un de ses amis, que le Gymnase avait encore perdu M. Lachenmeyer, professeur de littérature grecque, et l'honorable collègue qui jusqu'alors avait enseigné la langue latine dans notre école, avait été appelé à lui succéder au Séminaire et au Gymnase. Les deux professeurs que nous venons de nommer, dévoués tous deux à notre école, tous deux aussi distingués par la noblesse de leurs sentiments que par la haute portée de leur esprit, par l'étendue et la variété de leurs connaissances et par les succès éminents qu'ils avaient obtenus dans l'enseignement, avaient emporté dans la tombe d'unanimes et longs regrets et leur souvenir sera éternellement cher à tous ceux qui ont eu le bonheur de les connaître.

En entrant au Gymnase, M. KAMPMANN résolut de marcher sur leurs traces, et il l'a fait fidèlement dans la mesure des dons que Dieu lui avait départis. Il s'appliqua à conserver les bonnes traditions que ses devanciers lui avaient léguées ; il voulait des études solides, consciencieuses ; il lutta sans relâche contre la mollesse de certains élèves, qui se contenteraient volontiers des connaissances les plus superficielles, pourvu qu'ils pussent traverser sans encombre la première épreuve académique. Aussi un légitime succès est-il venu couronner ses efforts, et les élèves qui ont suivi ses directions, ont toujours fait honneur à son enseignement. Quant à ses leçons de philosophie, il leur consacrait un soin tout particulier ; non content de remplir le programme qui lui était prescrit, il s'efforçait de convaincre ses élèves que, si la philosophie cherche la vérité, l'Évangile la donne ; que la première est un des plus nobles exercices de l'esprit humain, mais que la religion est le plus grand trésor de l'homme tout entier ; que la philosophie aide à développer son intelligence, tandis que la religion forme son caractère et sanctifie son cœur. On a cru remarquer que notre ami mêlait trop de théologie à ses leçons ; nous ne savons à quel degré cette observation est fondée ; mais le serait-elle, nous avouerions franchement que nous préférerions encore un tel enseignement à des leçons philosophiques qui tendraient à égarer les élèves dans les labyrinthes du doute pour les précipiter à la fin dans l'abîme de l'incrédulité. M. KAMPMANN voyait les ruines dont l'irréligion avait couvert le sol de la patrie, il déplorait ses ravages continuels ; d'un autre côté il avait appris, par sa propre expérience, que l'Évangile est la puissance de Dieu pour le salut de tous ceux qui croient ; il se rappelait d'ailleurs qu'une partie notable de ses élèves se destinait au saint ministère, qu'ainsi, loin d'ébranler leur foi, il importait de la fortifier : il ne pouvait donc hésiter ; il regarda toujours comme un devoir sacré de montrer la bonne voie à ses élèves, tout en respectant leur liberté ; car il était de ces maîtres qui ne se contentent pas de développer les facultés intellectuelles de leurs élèves et de les enrichir de connaissances, de les *instruire*, en un mot, mais il voulait encore aider à les *élever*.

L'œuvre de l'éducation appartient, sans doute, avant tout aux parents, et tous ceux qui entourent les enfants y prennent également une part dont l'importance n'est pas toujours bien appréciée ; cependant l'école possède encore une influence éducatrice assez considérable sur ses élèves, et il importe d'autant plus de l'exercer de la manière la plus salutaire que malheureusement les conditions actuelles de la vie empêchent bien des parents de remplir le premier de leurs devoirs, et qu'ils sont obligés de s'en remettre de ce soin aux professeurs de leurs enfants. La responsabilité des maîtres en devient, il est vrai, d'autant plus grande; cependant ils l'assumeront avec joie, s'ils comprennent le prix des âmes immortelles qui leur sont confiées et que le Sauveur a rachetées par son sang. Je n'ai pas besoin de vous dire que M. Kampmann avait ainsi compris son devoir; cette pensée l'animait constamment; il voulait, et certes c'est là le but du Gymnase tout entier, il voulait non-seulement frayer à ses élèves le chemin de la science, mais encore les amener dans la voie du salut; il voulait les préserver des séductions du vice, les former à la piété, à l'exercice des vertus chrétiennes. — Voilà pourquoi, chers élèves, il veillait sur vous avec la vigilance d'un père, pendant les heures de classe et en dehors de l'école. Voilà pourquoi il réprimait sévèrement toute infraction aux règles de la discipline; il voulait ainsi arrêter le mal dans son principe et vous accoutumer à une obéissance prompte et spontanée. Vous vous êtes quelquefois plaints de sa sévérité, vous l'avez trouvée trop rigoureuse; mais vous avez toujours fini par lui rendre justice et par reconnaître qu'il ne voulait que le bien de l'école et le vôtre. Vous le savez, d'ailleurs, lors même que son zèle l'avait entraîné trop loin et qu'il vous avait froissés, vous vous sentiez bientôt ramenés à lui par l'équité et la franchise qui l'animaient et qui lui faisaient noblement avouer ses torts, dès qu'il venait à les reconnaître. Et jamais ces nobles aveux n'ont diminué le respect et l'affection que vous lui portiez; au contraire, vous ne l'en aimiez que plus, vous compreniez ce noble langage d'un cœur généreux et rempli pour vous d'un amour à toute épreuve, d'un amour qui vous était assuré, lors même que vous quittiez le Gymnase. J'aperçois dans cette enceinte plusieurs de nos anciens élèves qui, eux aussi, ont voulu donner à leur maître une dernière marque d'attachement; ils pourront vous dire comme sa maison hospitalière leur était toujours ouverte, comme ils trouvaient auprès de lui les conseils, les directions, les encouragements dont ils avaient besoin, et comme dans sa société ils ont passé bien des moments dont ils n'oublieront jamais la douceur. C'est que M. KAMPMANN ne se contentait pas de prêcher la piété aux autres, il cherchait à la pratiquer ; malgré les imperfections et les faiblesses auxquelles il était encore sujet et qu'il était tout le premier à reconnaître, on pouvait dire de notre ami que Christ demeurait en lui, et cette vie qui vient d'en haut et qui remplissait son âme, se répandait au dehors et lui gagnait les cœurs. Grave et aimant, il inspirait à ses élèves le respect et l'amour tout ensemble ; aussi n'a-t-il pas travaillé en vain ; souvent sa voix paternelle a été entendue, son exemple a été suivi, et plusieurs d'entre eux lui rendront grâce dans l'éternité de les avoir sauvés, de leur avoir montré le chemin du salut. Peut-être, chers élèves, tant que votre professeur était encore au milieu de vous, ne sentiez-vous pas tout ce que Dieu vous avait donné en lui ; mais vous vous en êtes aperçus lorsqu'une longue maladie est venue le séparer de vous et lorsque enfin la nouvelle de sa mort vous a frappés : vous avez alors mesuré toute l'étendue de votre perte, et par l'organe de l'un d'entre vous, vous avez promis sur la tombe de votre maître, « de faire fructifier dans vos cœurs les germes de vérité et de vertu qu'il y avait déposés, de conserver son souvenir, et de le regarder comme le modèle de l'homme droit et juste, pensant et agissant toujours en vue de la gloire de Dieu et de l'accroissement du règne de Jésus-Christ. » — Certes, ce ne sont point là de vaines paroles que le vent emporte, mais des promesses sacrées que vous remplirez religieusement. Alors, avec la bénédiction du Seigneur, votre maître continuera son œuvre en vous, et lorsque, tôt ou tard, le jour viendra où à votre tour vous serez appelés à quitter cette terre d'épreuves souvent si douloureuses, vous pourrez rendre en paix votre âme entre les mains de votre Dieu et Sauveur, car vous aurez trouvé et gardé la seule chose nécessaire.

Et nous aussi, chers collègues, nous garderons au fond de nos cœurs le souvenir d'un collaborateur qui n'a cessé de nous témoigner un si vif attachement et auquel le Gymnase était si

cher. Nous l'avons vu, toujours dévoué, toujours fidèle, non-
seulement apporter les plus grands soins à l'enseignement qui
lui était confié et rechercher avec un zèle constant tout ce qui
pouvait le perfectionner, mais encore s'occuper avec un vif in-
térêt de la prospérité de notre école en général, provoquer et
appuyer auprès de l'autorité supérieure toutes les mesures pro-
pres à en assurer les développements. Nous aimions à voir en
lui un des plus fermes appuis du Gymnase, et qui longtemps
encore lui assurerait l'estime et la confiance de nos concitoyens.
Le Seigneur en a décidé autrement, il a appelé à lui ce servi-
teur qui, jeune encore, était mûr pour l'éternité. Nous l'avons
perdu, mais le souvenir de sa foi vivante et opérante par la
charité et de sa fidélité, nous reste, et son départ, prématuré
selon les vues humaines pour le Gymnase et bien plus encore
pour sa veuve et ses orphelins, est pour nous un nouvel et
sérieux avertissement que nos jours sont comptés, et que nous
aussi, les plus jeunes comme les plus âgés, nous devons nous
tenir prêts à rendre compte de notre administration. Il y a peu
de mois que nous avons accompagné à leur dernière demeure
deux de nos collègues, qui tous deux avaient notre affection,
M. Engelhardt qui n'avait pu jouir que peu de temps d'un
repos acquis au prix de longs travaux, et M. Redslob dont le
commerce nous offrait tant de charmes, et qui, atteint dans la
force de l'âge d'une maladie mortelle, n'avait vu arriver la fin
de ses épreuves qu'après trois longues années de souffrances. Il
n'y a que deux ans que la mort subite de M. Strobel est venue
nous consterner au moment même où il allait nous quitter pour
consacrer ses loisirs au culte des lettres qui avaient embelli
toute sa vie. Toutes ces morts qui se sont succédé avec une
effrayante rapidité, nous crient de veiller et de tenir ferme ce
que nous avons, afin que personne ne nous enlève notre couronne. Mais elles nous donnent encore un autre enseignement,
c'est celui de ne fonder notre confiance en l'avenir du Gymnase
sur aucun homme, eût-il même les dons les plus éminents,

mais de n'espérer qu'en Dieu, qui l'a conservé à travers trois siècles, au milieu des bouleversements les plus redoutables. C'est pourquoi serrons nos rangs autour de cette école où nous sommes appelés à servir l'Église et la Patrie, et faisons notre œuvre tandis qu'il est jour; la nuit vient en laquelle personne ne peut travailler.

DISCOURS

DE

M. SCHMIDT,

PROFESSEUR AU SÉMINAIRE PROTESTANT,
DIRECTEUR DU GYMNASE.

CHERS ÉLÈVES,

Peu de mois se sont écoulés depuis que nous avons accompagné à la tombe les dépouilles mortelles de deux des professeurs de notre école, et déjà la main de Dieu s'est étendue de nouveau pour éclaircir nos rangs.

Si je me livrais à la seule impression des faits extérieurs, je serais saisi d'effroi en songeant à cette rapide succession de deuils ; il y a trois ans à peine que j'ai l'honneur d'être Directeur du Gymnase, et trois fois déjà j'ai été dans la douloureuse obligation de dire le dernier adieu en ce monde à des maîtres vénérés, à des amis qui m'étaient chers. Vous aussi, sans doute, vous êtes frappés de ces morts réitérées ; l'âme des plus jeunes parmi vous est émue à la vue de ces appareils funèbres, tandis que ceux qui sont déjà avancés en âge, sentent plus vivement, en ces circonstances solennelles, le prix de la vie et la signification de la mort. L'homme du monde tâche d'effacer ces impressions qui le gênent, il cherche à se distraire et à s'étourdir pour échapper aux frayeurs que l'idée de la mort répand dans son âme ; mais celui qui craint et qui aime Dieu et qui espère une vie future, ne fuit pas ces choses, car il y trouve une source féconde de graves leçons.

C'est pour cela que nous n'avons pas voulu laisser passer cette occasion sans vous réunir pour vous adresser quelques paroles salutaires.

Une voix qui vous est chère vous a dit ce que M. Kampmann a été pour ses collègues, pour ses élèves, pour tout le Gymnase. Je m'associe de tout mon cœur aux regrets qui ont été exprimés; je m'y associe, tant en mon nom personnel, — car je perds en M. Kampmann un ami de ma jeunesse, — qu'au nom de l'administration, qui perd en lui un professeur plein de connaissances, et fidèle jusqu'au bout dans l'accomplissement de son devoir. Je suis certain, que vous aussi, vous vous associez à l'expression de ces regrets. Mais je voudrais que ces regrets ne restassent pas stériles pour vous; c'est aussi un enseignement que la mort, et c'est un des plus sérieux et des plus efficaces; car c'est Dieu lui-même qui le donne.

A ce moment, je n'en doute pas, vous vous rappelez vivement ce que le professeur que nous pleurons, a été pour vous; vous vous souvenez de la gravité de ses leçons, de la sagesse de ses conseils; le sentiment de la reconnaissance pour ses efforts constants de vous faire avancer à la fois dans la science et dans la piété, remplit vos âmes, et vous vous dites que vous n'oublierez pas la mémoire de cet homme de bien.

Plût à Dieu qu'à ce sentiment ne vienne pas s'en mêler un autre, plus pénible que la douleur d'avoir perdu un maître qui vous chérissait comme un père! Pouvez-vous vous rendre le témoignage d'avoir profité de ses leçons autant que vous l'auriez pu, d'avoir suivi ses conseils et obéi à ses avertissements paternels? Êtes-vous sûrs qu'il a pu se présenter devant le tribunal de son juge et du vôtre, sans le regret amer que l'un ou l'autre d'entre vous l'a payé d'ingratitude? Quant à lui, certes, il ne vous accusera pas, il vous a pardonné les torts que vous avez pu avoir à son égard; c'est à vous à vous accuser, à rentrer en vous-mêmes, et à demander à Dieu un pardon que lui aussi est prêt à vous accorder.

Profitez, chers amis, de ces impressions pour redoubler de respect et d'affection envers les professeurs qui vous restent. Il n'y a pas un de ces professeurs qui vous soit moins attaché que ne l'a été M. KAMPMANN, pas un qui soit moins fidèle, moins dévoué dans l'accomplissement de sa tâche, pas un, par conséquent, qui soit moins digne du respect de tous les élèves du Gymnase. Ne leur rendez pas leur mission trop difficile par votre désobéissance ou par votre mollesse dans l'étude; souvenez-vous toujours que la crainte de Dieu est le commencement de la sagesse, et que, sans la piété, vos connaissances demeureront stériles pour vous; mais n'oubliez pas non plus que les premiers fruits de votre piété doivent être l'humilité, la soumission au devoir, l'obéissance à ceux qui vous consacrent leurs meilleures forces. Songez que vous et nous, nous sommes tous entre les mains de Dieu; qui sait quel est celui dans cette enceinte qui, le premier, sera rappelé de ce monde? Vous ne voudrez pas que vos professeurs quittent la terre avec la douleur d'avoir travaillé en vain, et vous-mêmes vous ne voudrez pas la quitter avec le reproche d'avoir attristé vos maîtres par vos fautes.

Vous reporterez ces sentiments sur ceux qui seront appelés à combler les vides que la mort a faits parmi nous. L'administration, qui connaît vos besoins, remplacera les professeurs que nous avons perdus par d'autres qui marcheront sur leurs traces; j'ignore encore à qui elle réserve cet honneur, — car c'est un honneur, plus encore qu'une charge; — mais ce que je sais, c'est que ceux qui seront jugés dignes d'être vos maîtres, se feront un devoir d'imiter l'exemple de leurs devanciers, en se consacrant à votre instruction et à votre éducation avec le même dévouement et le même zèle. Faites, chers amis, que je puisse dire avec la même assurance, que vous aurez pour eux la même obéissance et le même respectueux attachement.

Le Gymnase est une grande famille ; c'est là une de ses gloires depuis qu'il existe , et nous tâcherons de la léguer intacte à nos successeurs. C'est pour cela que professeurs et élèves de toutes les classes s'unissent dans un même deuil, quand un des nôtres nous est enlevé par la mort ; c'est pour cela aussi que les professeurs restent unis toujours par le lien d'un même dévouement à la cause commune, et que les élèves doivent avoir pour tous leurs maîtres les mêmes sentiments de piété filiale.

Dieu veuille, mes amis, que les paroles qui vous ont été dites en cette occasion, ne soient pas perdues pour vos âmes. Il vous en fera la grâce, au nom de notre Seigneur et Sauveur Jésus-Christ. Amen.